Konsequenz trifft Selbstüberwindung

Von Frank Kralemann

AF208709

Buchbeschreibung:

Selbstüberwindung ist mehr als nur ein Kraftakt des Willens. Sie ist eine Kunst, die wir alle erlernen können. In diesem Buch möchte ich Sie auf eine transformative Reise mitnehmen - eine Reise, die Sie zu einer stärkeren, mutigeren und freieren Version Ihrer selbst führen wird. Sie werden verstehen, warum Sie bisher oft vor Herausforderungen zurückgeschreckt sind, und Sie werden konkrete Werkzeuge an die Hand bekommen, um diese Muster zu durchbrechen.

Was macht Selbstüberwindung so besonders? Sie ist der Katalysator für jede Form von persönlichem Wachstum. Ohne die Fähigkeit, über unsere selbst gesetzten Grenzen hinauszuwachsen, bleiben wir in unserer Komfortzone gefangen - einem goldenen Käfig, der uns zwar Sicherheit verspricht, aber gleichzeitig unsere Entwicklung hemmt. Jeder bedeutsame Fortschritt in unserem Leben beginnt mit einem Moment der Selbstüberwindung.

Über den Autor:

Frank Kralemann interessiert sich schon lange für die Themen

Selbstmanagement, Zufriedenheit und Lebensplanung. Erstes Buch

2007. Seine Energie zieht er aus langen Laufeinheiten im nördlichen Teutoburger Wald.

Konsequenz trifft Selbstüberwindung

Dein Leitfaden zum Erfolg

von Frank Kralemann

.

1. Auflage, 2024 Frank Kralemann
© 2024 Alle Rechte vorbehalten
Verlag: BoD · Books on Demand GmbH,
In de Tarpen 42, 22848 Norderstedt
Druck: Libri Plureos GmbH,
Friedensallee 273, 22763 Hamburg

ISBN: 978-3-7693-1982-8

Inhaltsverzeichnis

Einleitung

Liebe Leserin, lieber Leser,

Sie halten dieses Buch in Ihren Händen, weil Sie spüren, dass in Ihnen mehr steckt. Vielleicht kennen Sie diese Momente: Sie wissen genau, was Sie tun müssten, um Ihre Ziele zu erreichen, aber irgendetwas hält Sie zurück. Eine unsichtbare Kraft, die stärker erscheint als Ihr Wille zur Veränderung. Diese Kraft nennen wir den inneren Widerstand, Fähigkeit, ihn zu überwinden, ist der Schlüssel zu einem erfüllten, selbstbestimmten Leben.

Selbstüberwindung ist mehr als nur ein Kraftakt des Willens. Sie ist eine Kunst, die wir alle erlernen können. In diesem Buch möchte ich Sie auf eine transformative Reise mitnehmen - eine Reise, die Sie zu einer stärkeren, mutigeren und freieren Version Ihrer selbst führen wird. Sie werden verstehen, warum Sie bisher oft vor Herausforderungen zurückgeschreckt sind, und Sie werden konkrete Werkzeuge an die Hand bekommen, um diese Muster zu durchbrechen.

Was macht Selbstüberwindung so besonders? Sie ist der Katalysator für jede Form von persönlichem Wachstum. Ohne die Fähigkeit, über unsere selbst gesetzten Grenzen hinauszuwachsen, bleiben wir in unserer Komfortzone gefangen - einem goldenen Käfig, der uns zwar Sicherheit verspricht, aber gleichzeitig unsere Entwicklung hemmt. Jeder bedeutsame Fortschritt in unserem Leben beginnt mit einem Moment der Selbstüberwindung: der erste Schritt ins Fitnessstudio, das Ansprechen eines interessanten Menschen, das Starten des eigenen Unternehmens oder das Eingestehen eigener Fehler.

Die gute Nachricht ist: Selbstüberwindung ist keine angeborene Eigenschaft, sondern eine Fähigkeit, die wir systematisch entwickeln können. Wie ein Muskel, der durch regelmäßiges Training wächst, können wir unsere Fähigkeit zur Selbstüberwindung stärken. In diesem Buch werden Sie lernen, wie Sie Ihren "Selbstüberwindungsmuskel" gezielt aufbauen und trainieren können.

Was erwartet Sie in diesem Buch? Zunächst werden wir tief in die Psychologie der Selbstüberwindung eintauchen. Sie werden verstehen, warum Ihr Gehirn von Natur aus Veränderungen scheut und wie Sie diesen evolutionären Mechanismus zu Ihrem Vorteil nutzen können. Wir werden uns mit den verschiedenen Formen des inneren Widerstands beschäftigen - von subtiler Prokrastination bis hin zu lähmender Angst - und Sie werden lernen, diese Widerstände nicht als Feinde, sondern als wertvolle Wegweiser zu betrachten.

Ein besonderer Fokus liegt auf der praktischen Anwendbarkeit. Jedes Kapitel enthält konkrete Übungen und Strategien, die Sie sofort in Ihren Alltag integrieren können. Sie werden lernen, wie Sie Ihre Komfortzone systematisch erweitern, ohne sich dabei zu überfordern. Wie Sie kleine Erfolge nutzen können, um Momentum aufzubauen. Und wie Sie auch in schwierigen Phasen die Motivation aufrechterhalten.

Warum ist dieses Buch anders? Weil es nicht nur Theorie vermittelt, sondern Sie auf einer tieferen Ebene abholt. Es geht nicht darum, Sie mit positiven Affirmationen zu bombardieren oder Ihnen schnelle Lösungen zu versprechen. Stattdessen werden wir gemeinsam die Wurzeln Ihrer Blockaden erforschen und nachhaltige Strategien entwickeln, die zu Ihrer individuellen Situation passen.

Sie werden lernen, wie Sie:

- Ihre Ängste als Wegweiser zu persönlichem Wachstum nutzen

- Selbstsabotage-Muster erkennen und durchbrechen

- Eine unerschütterliche mentale Stärke entwickeln

- Ihre Gewohnheiten nachhaltig transformieren

- Die Kraft Ihres Unterbewusstseins für Ihre Ziele nutzen

- Ein unterstützendes Umfeld aufbauen

- Rückschläge als Sprungbretter zum Erfolg nutzen

Besonders wichtig ist mir dabei der ganzheitliche Ansatz. Wahre Selbstüberwindung betrifft nicht nur unseren Willen, sondern unser gesamtes Sein - Körper, Geist und Seele. Wir werden uns damit beschäftigen, wie Ernährung, Bewegung und Schlaf Ihre mentale Stärke beeinflussen. Wie Sie Ihre emotionale Intelligenz entwickeln können, um besser mit Stress und Herausforderungen umzugehen. Und wie Sie die Kraft sozialer Unterstützung für Ihre Ziele nutzen können.

Dieses Buch ist Ihr persönlicher Coach auf dem Weg zu mehr Selbstbestimmung und innerer Stärke. Es wird Ihnen in den Momenten zur Seite stehen, in denen Sie am liebsten aufgeben würden, und Ihnen die Werkzeuge an die Hand geben, diese Momente zu meistern. Sie werden lernen, wie Sie aus der Opferrolle in die Rolle des aktiven Gestalters Ihres Lebens wechseln können.

Der Weg der Selbstüberwindung ist nicht immer einfach, aber er ist unendlich bereichernd. Mit jedem Widerstand, den Sie überwinden, wachsen Ihr Selbstvertrauen und Ihre innere Stärke. Sie werden erfahren, dass Sie zu viel mehr fähig sind, als Sie je gedacht hätten. Und Sie werden die tiefe Befriedigung spüren, die entsteht, wenn Sie über sich selbst hinauswachsen.

Dieses Buch ist für Sie, wenn Sie:

- Endlich Ihre lang gehegten Träume verwirklichen wollen

- Sich von lähmenden Ängsten und Selbstzweifeln befreien möchten

- Ihre Komfortzone systematisch erweitern wollen

- Nach nachhaltigen Strategien für persönliches Wachstum suchen

- Bereit sind, Verantwortung für Ihr Leben zu übernehmen

- Eine stärkere, mutigere Version Ihrer selbst werden möchten

Lassen Sie uns gemeinsam diese Reise beginnen. Eine Reise zu mehr Mut, mehr Freiheit und mehr Selbstbestimmung. Eine Reise, die Sie Schritt für Schritt der besten Version Ihrer selbst näherbringt. Ich verspreche Ihnen: Der Weg wird sich lohnen.

Sind Sie bereit, über sich hinauszuwachsen?

Frank Kralemann

Die Macht der Selbstüberwindung

Was genau verstehen wir unter Selbstüberwindung? Es ist jener besondere Moment, in dem wir uns bewusst entscheiden, über unsere vermeintlichen Grenzen hinauszuwachsen. Es ist der Augenblick, in dem wir dem inneren Schweinehund die Stirn bieten und uns für Wachstum statt Stagnation entscheiden. Selbstüberwindung ist der Schlüssel zu persönlicher Transformation und einem erfüllten Leben.

Stellen Sie sich vor, Sie stehen am frühen Morgen vor der Entscheidung: Bleiben Sie im warmen, gemütlichen Bett liegen oder stehen Sie auf, um trainieren zu gehen? In diesem Moment treffen zwei Kräfte aufeinander: der Wunsch nach unmittelbarem Komfort und das Streben nach langfristiger Verbesserung. Die Fähigkeit zur Selbstüberwindung entscheidet darüber, welche dieser Kräfte die Oberhand gewinnt.

Die Psychologie der Selbstüberwindung ist faszinierend. Unser Gehirn ist darauf programmiert, Energie zu sparen und Risiken zu vermeiden – ein evolutionärer Mechanismus, der in der Urzeit überlebenswichtig war. In unserer modernen Welt kann dieser Mechanismus jedoch zu einer Bremse für unsere Entwicklung werden. Das Gute daran: Sobald wir verstehen, wie unser Gehirn funktioniert, können wir bewusst gegensteuern.

Der innere Widerstand zeigt sich in vielen Gesichtern: als Angst vor Veränderung, als Selbstzweifel, als Prokrastination oder als rationalisierte Ausreden. Oft manifestiert er sich auch körperlich – als Unwohlsein im Magen, als Anspannung oder als diffuses Gefühl der Schwere. Diese Signale sind nicht etwa Hinweise darauf, dass wir etwas nicht tun sollten. Im Gegenteil: Sie sind häufig Wegweiser zu wichtigen Wachstumschancen.

Warum ist Selbstüberwindung so wichtig? Weil sie der Schlüssel zu authentischem Wachstum ist. Jede bedeutsame Veränderung in unserem Leben erfordert, dass wir unsere Komfortzone verlassen. Ob es darum geht, eine neue Fähigkeit zu erlernen, eine Beziehung zu vertiefen oder beruflich aufzusteigen – ohne Selbstüberwindung bleiben wir in unseren gewohnten Mustern gefangen.

Ein wichtiger Aspekt der Selbstüberwindung ist das Verständnis unserer neurologischen Prozesse. Wenn wir uns einer Herausforderung stellen, aktiviert unser Gehirn das Stresssystem. Der Körper schüttet Stresshormone aus, das Herz schlägt schneller, die Muskeln spannen sich an. Diese Reaktion ist völlig normal und sogar notwendig für Höchstleistungen. Der Trick liegt darin, diese Energie nicht als Bedrohung, sondern als Ressource zu verstehen.

Erfolgreiche Selbstüberwindung basiert auf drei Säulen:

Die erste Säule ist das Bewusstsein. Wir müssen verstehen, wo und warum wir Widerstand spüren. Oft liegt der wahre Grund für unseren Widerstand tiefer als die oberflächlichen Ausreden, die wir uns selbst präsentieren. Vielleicht scheuen wir nicht die Arbeit an sich, sondern fürchten das Urteil anderer. Oder wir vermeiden nicht den Sport, sondern die Konfrontation mit unserem Selbstbild.

Die zweite Säule ist die Strategie. Selbstüberwindung gelingt am besten mit einem durchdachten Plan. Wir müssen lernen, unsere Kräfte klug einzusetzen und uns realistische Zwischenziele zu setzen. Wie ein Bergsteiger, der den Gipfel nicht in einem Rutsch erklimmt, sondern über verschiedene Basislager, müssen wir unseren Weg zur Selbstüberwindung strukturieren.

Die dritte Säule ist die Praxis. Selbstüberwindung ist wie ein Muskel, der durch regelmäßiges Training wächst. Jeder kleine Sieg über den inneren Schweinehund stärkt unsere Fähigkeit zur Selbstüberwindung. Mit der Zeit entwickeln wir eine Art „Erfolgsgedächtnis" – wir erinnern uns an frühere Erfolge und schöpfen daraus Kraft für neue Herausforderungen.

Ein entscheidender Faktor für erfolgreiche Selbstüberwindung ist das richtige Timing. Es gibt Momente, in denen unsere Willenskraft besonders stark ist – typischerweise am Morgen oder nach erholsamen Pausen. Diese „Kraftfenster" sollten wir gezielt für wichtige Herausforderungen nutzen. Gleichzeitig müssen wir lernen, unsere Energiereserven klug einzuteilen und uns nicht zu überfordern.

Die Macht der Selbstüberwindung zeigt sich besonders eindrücklich in den Erfolgsgeschichten von Menschen, die trotz widriger Umstände Großes erreicht haben. Denken Sie an Menschen wie Nelson Mandela, der 27 Jahre Gefangenschaft überstanden und dabei seine Vision nie aufgegeben hat. Oder an Stephen Hawking, der trotz seiner schweren Erkrankung bahnbrechende wissenschaftliche Arbeiten verfasste. Diese Menschen zeigen uns, wozu der menschliche Geist fähig ist, wenn er sich nicht von äußeren oder inneren Hindernissen aufhalten lässt.

Selbstüberwindung hat auch eine spirituelle Dimension. In vielen Weisheitstraditionen wird die Überwindung des Egos als Weg zur Erleuchtung gesehen. Wenn wir unsere unmittelbaren Impulse und Bedürfnisse transzendieren, öffnen wir uns für tiefere Einsichten und Erfahrungen. Wir entwickeln eine innere Stärke, die über das rein Physische hinausgeht.

Ein häufiges Missverständnis ist, dass Selbstüberwindung bedeutet, ständig gegen sich selbst zu kämpfen. Das Gegenteil ist der Fall: Wahre Selbstüberwindung ist ein Akt der Selbstliebe. Wir überwinden uns nicht, weil wir uns ablehnen, sondern weil wir unser volles Potenzial leben wollen. Es geht darum, die beste Version unserer selbst zu werden – nicht aus Zwang, sondern aus freier Entscheidung.

Im weiteren Verlauf dieses Buches werden wir tiefer in die praktischen Aspekte der Selbstüberwindung eintauchen. Sie werden konkrete Techniken und Strategien kennenlernen, um Ihre Fähigkeit zur Selbstüberwindung systematisch zu entwickeln. Bleiben Sie dran – die spannendsten Erkenntnisse liegen noch vor uns.

Verstehen Sie Ihre Blockaden

Bevor wir uns auf den Weg machen, innere Widerstände zu überwinden, ist es essentiell, dass wir zunächst verstehen, womit wir es eigentlich zu tun haben. Innere Blockaden sind wie unsichtbare Mauern, die uns davon abhalten, unser volles Potenzial zu entfalten. Sie zu erkennen und zu verstehen ist der erste wichtige Schritt zu ihrer Überwindung.

Innere Blockaden entstehen nicht über Nacht. Sie sind das Ergebnis von jahrelangen Erfahrungen, Prägungen und erlernten Verhaltensmustern. Oft haben sie ihren Ursprung in frühen Lebensphasen, wo sie möglicherweise einmal als Schutzmechanismen sinnvoll waren. Das Kind, das nach einer schmerzlichen Zurückweisung beschließt, sich emotional zurückzuziehen, entwickelt eine Überlebensstrategie. Doch was damals als Schutz diente, kann im Erwachsenenalter zu einer lähmenden Blockade werden.

Die Identifizierung innerer Hindernisse erfordert ehrliche Selbstreflexion. Wir müssen bereit sein, einen genauen Blick auf uns selbst zu werfen und uns einzugestehen, wo wir uns selbst im Weg stehen. Dies ist keine Übung in Selbstkritik, sondern ein Akt der Selbstfürsorge. Nur wenn wir unsere Blockaden kennen, können wir sie transformieren.

Typische innere Blockaden zeigen sich in verschiedenen Formen:

Perfektionismus ist eine der häufigsten Blockaden. Der ständige Anspruch, alles perfekt machen zu müssen, führt oft dazu, dass wir gar nicht erst anfangen. Die Angst vor Fehlern wird so groß, dass sie jede Initiative im Keim erstickt. Perfektionisten vergessen dabei, dass Fehler wichtige Lernchancen sind und dass jeder Experte einmal als Anfänger begonnen hat.

Selbstzweifel sind eine weitere mächtige Blockade. Die innere Stimme, die uns einredet, wir seien nicht gut genug, nicht klug genug oder nicht talentiert genug, kann uns regelrecht lähmen. Diese Zweifel nähren sich oft von vergangenen Erfahrungen des Scheiterns oder von negativen Botschaften, die wir in unserer Kindheit verinnerlicht haben.

Das Bedürfnis nach Kontrolle kann ebenfalls zu einer massiven Blockade werden. Menschen mit starkem Kontrollbedürfnis scheuen sich vor Situationen, die sie nicht vollständig überblicken können. Dies führt dazu, dass sie neue Chancen und Möglichkeiten verpassen, weil diese immer ein gewisses Maß an Unsicherheit mit sich bringen.

Angstmuster zu erkennen ist ein weiterer wichtiger Aspekt. Angst ist ein natürlicher Teil unseres Überlebenssystems, aber wenn sie überhandnimmt, kann sie uns stark einschränken. Es gibt verschiedene Arten von Angst:

Die Angst vor Versagen hält viele Menschen davon ab, überhaupt zu versuchen, ihre Träume zu verwirklichen.

Die Angst vor Erfolg mag paradox klingen, ist aber ebenfalls real – oft fürchten wir uns vor den Veränderungen und Verantwortungen, die der Erfolg mit sich bringen würde.

Die Angst vor Ablehnung kann uns davon abhalten, uns authentisch zu zeigen und bedeutungsvolle Beziehungen einzugehen.

Die Angst vor Veränderung lässt uns in unbefriedigenden Situationen verharren, weil das Bekannte, selbst wenn es unangenehm ist, weniger bedrohlich erscheint als das Unbekannte.

Das Verständnis unserer Komfortzone ist ebenfalls zentral. Die Komfortzone ist jener Bereich unseres Lebens, in dem wir uns sicher und kompetent fühlen. Sie ist nicht per se negativ – wir alle brauchen einen sicheren

Hafen. Problematisch wird es erst, wenn die Komfortzone zu einem Gefängnis wird, das uns daran hindert, zu wachsen und neue Erfahrungen zu machen.

Selbstsabotage-Mechanismen sind oft subtil und schwer zu erkennen, weil sie sich hinter scheinbar rationalen Argumenten verstecken. Typische Formen der Selbstsabotage sind:

Prokrastination – das ständige Aufschieben wichtiger Aufgaben

Selbsterfüllende Prophezeiungen – wenn wir unbewusst Situationen herbeiführen, die unsere negativen Erwartungen bestätigen

Selbstdestruktives Verhalten – wenn wir uns selbst durch ungesunde Gewohnheiten sabotieren

Vermeidungsverhalten – wenn wir systematisch Situationen aus dem Weg gehen, die uns herausfordern könnten

Ein wichtiger Aspekt beim Verstehen unserer Blockaden ist die Erkenntnis, dass sie oft eine wichtige Funktion erfüllen oder erfüllt haben. Anstatt sie als Feinde zu betrachten, können wir sie als Wegweiser sehen, die uns zeigen, wo Heilung und Wachstum notwendig sind.

Die Arbeit mit einem Tagebuch kann sehr hilfreich sein, um Blockaden aufzuspüren. Notieren Sie sich Situationen, in denen Sie Widerstand spüren. Fragen Sie sich:

Was genau löst den Widerstand aus?

Welche Gefühle tauchen auf?

Welche Gedanken gehen Ihnen durch den Kopf?

Welche körperlichen Empfindungen nehmen Sie wahr?

Mit der Zeit werden Sie Muster erkennen. Sie werden verstehen, unter welchen Bedingungen Ihre Blockaden besonders stark sind und welche Trigger sie aktivieren. Dieses Wissen ist Gold wert für die weitere Arbeit an sich selbst.

Es ist wichtig zu verstehen, dass Blockaden nicht in Stein gemeißelt sind. Unser Gehirn ist plastisch, das heißt, es kann sich verändern und neue Verbindungen aufbauen. Alte Muster können durch neue ersetzt werden. Dies erfordert Zeit, Geduld und kontinuierliche Arbeit, aber es ist absolut möglich.

Der Prozess des Verstehens unserer Blockaden ist bereits der erste Schritt zu ihrer Überwindung. Wenn wir unsere inneren Hindernisse nicht mehr als unüberwindbare Mauern, sondern als Wegweiser zu persönlichem Wachstum betrachten, verändert sich unsere gesamte Perspektive. Wir beginnen zu erkennen, dass jede Blockade auch eine Chance zur Entwicklung in sich trägt.

Im nächsten Kapitel werden wir uns damit beschäftigen, wie wir Motivation aufbauen und aufrechterhalten können – eine wesentliche Voraussetzung, um unsere erkannten Blockaden zu überwinden.

Die Rolle der Motivation

Motivation ist der Treibstoff für jede Form der Veränderung. Sie ist jene innere Kraft, die uns in Bewegung setzt und dabei hilft, unsere Ziele trotz Widerstände zu verfolgen. Doch was genau ist Motivation und wie können wir sie nachhaltig aufbauen und aufrechterhalten?

Zunächst ist es wichtig zu verstehen, dass es zwei grundlegende Arten von Motivation gibt: die intrinsische und die extrinsische Motivation. Intrinsische Motivation kommt von innen - wir tun etwas, weil es uns erfüllt, Freude bereitet oder weil wir es als sinnvoll empfinden. Extrinsische Motivation hingegen wird von außen angeregt - durch Belohnungen, Anerkennung oder die Vermeidung negativer Konsequenzen.

Die intrinsische Motivation ist dabei deutlich nachhaltiger und kraftvoller. Wenn wir etwas tun, weil es uns wirklich am Herzen liegt, können wir auch schwierige Phasen besser durchstehen. Ein Beispiel: Jemand, der Sport treibt, weil er die Bewegung liebt und sich danach energiegeladen fühlt (intrinsisch), wird mit höherer Wahrscheinlichkeit dabei bleiben als jemand, der nur trainiert, um anderen zu gefallen (extrinsisch).

Allerdings spielen beide Formen der Motivation eine wichtige Rolle. Manchmal brauchen wir auch externe Anreize, um ins Handeln zu kommen. Der Trick liegt darin, extrinsische Motivation als Starthilfe zu nutzen und parallel dazu die intrinsische Motivation zu entwickeln.

Ein häufiges Problem sind Motivationskiller - jene Faktoren, die unsere Motivation untergraben können. Zu den häufigsten Motivationskillern gehören:

Überforderung: Wenn wir uns zu viel auf einmal vornehmen, kann dies schnell zu Frustration und Demotivation führen.

Unterforderung: Auch zu leichte Aufgaben können demotivierend wirken, weil sie uns nicht genug herausfordern.

Fehlende Erfolgserlebnisse: Wenn wir lange Zeit keine Fortschritte sehen, kann dies sehr entmutigend sein.

Negative Selbstgespräche: Die Art, wie wir innerlich mit uns selbst sprechen, hat einen enormen Einfluss auf unsere Motivation.

Mangelnde Klarheit: Wenn unsere Ziele unklar oder zu vage sind, fällt es schwer, motiviert zu bleiben.

Perfektionismus: Der Anspruch, alles perfekt machen zu müssen, kann lähmend wirken.

Um nachhaltige Motivation aufzubauen, ist es wichtig, diese Motivationskiller zu identifizieren und gegenzusteuern. Dabei können folgende Strategien helfen:

Setzen Sie sich realistische Zwischenziele: Große Ziele sollten in kleine, erreichbare Etappen unterteilt werden. Jedes erreichte Zwischenziel gibt uns einen Motivationsschub für den weiteren Weg.

Feiern Sie Ihre Erfolge: Auch kleine Fortschritte verdienen Anerkennung. Führen Sie ein Erfolgsjournal, in dem Sie Ihre täglichen Siege festhalten.

Visualisieren Sie Ihre Ziele: Machen Sie sich ein klares Bild davon, wie es sich anfühlen wird, wenn Sie Ihr Ziel erreicht haben. Je lebendiger diese Vision ist, desto motivierender wirkt sie.

Schaffen Sie Verbindlichkeit: Teilen Sie Ihre Ziele mit anderen Menschen, die Sie unterstützen. Suchen Sie sich einen Accountability-Partner oder schließen Sie sich einer Gruppe Gleichgesinnter an.

Entwickeln Sie Routinen: Motivation ist nicht unendlich verfügbar. Durch feste Routinen reduzieren Sie den Bedarf an willentlicher Motivation.

Die Zielsetzung spielt eine zentrale Rolle für die Motivation. Dabei ist es wichtig, dass unsere Ziele SMART sind:

Spezifisch: Konkret und eindeutig formuliert
Messbar: Mit klaren Kriterien für den Erfolg
Attraktiv: Wirklich erstrebenswert für uns
Realistisch: Herausfordernd, aber erreichbar
Terminiert: Mit einem klaren zeitlichen Rahmen

Darüber hinaus sollten wir uns regelmäßig fragen, warum wir ein bestimmtes Ziel verfolgen. Je tiefer und bedeutungsvoller unsere Gründe sind, desto stärker wird unsere Motivation sein. Ein "Warum" das uns wirklich berührt, kann uns durch schwierige Phasen tragen.

Ein weiterer wichtiger Aspekt ist der Umgang mit Motivationslöchern. Es ist völlig normal, dass unsere Motvation schwankt. Entscheidend ist, wie wir damit umgehen. Statt uns für fehlende Motivation zu verurteilen, können wir diese Phasen als natürlichen Teil des Prozesses akzeptieren und Strategien entwickeln, um sie zu überwinden:

Erinnern Sie sich an Ihre Werte: Was ist Ihnen wirklich wichtig? Warum haben Sie sich ursprünglich für diesen Weg entschieden?

Nutzen Sie die 5-Minuten-Regel: Verpflichten Sie sich, nur 5 Minuten an einer Aufgabe zu arbeiten. Oft stellt sich die Motivation dann von selbst ein.

Ändern Sie die Perspektive: Betrachten Sie die Situation aus einem anderen Blickwinkel. Was können Sie aus dieser Herausforderung lernen?

Suchen Sie Inspiration: Lesen Sie Erfolgsgeschichten, hören Sie motivierende Podcasts oder sprechen Sie mit Menschen, die ähnliche Ziele bereits erreicht haben.

Eine besondere Form der Motivation ist die Vorfreude. Wenn wir uns auf etwas freuen können, fällt es uns leichter, Hindernisse zu überwinden. Bauen Sie daher bewusst Vorfreude in Ihren Prozess ein:

Belohnen Sie sich für erreichte Meilensteine
Visualisieren Sie positive zukünftige Erlebnisse
Planen Sie angenehme Aktivitäten als Ausgleich

Nicht zuletzt ist es wichtig, ein gesundes Gleichgewicht zwischen Anspannung und Entspannung zu finden. Dauerhafter Druck führt zu Erschöpfung und Demotivation. Planen Sie regelmäßige Erholungsphasen ein und gönnen Sie sich Zeit zum Auftanken.

Die nachhaltigste Form der Motivation entsteht, wenn wir unsere Ziele mit unseren tiefsten Werten und Bedürfnissen in Einklang bringen. Wenn wir spüren, dass unser Handeln einem größeren Zweck dient und zu unserem persönlichen Wachstum beiträgt, entwickeln wir eine innere Kraft, die uns auch durch schwierige Phasen trägt.

Im nächsten Kapitel werden wir uns damit beschäftigen, wie wir mentale Stärke entwickeln können - eine wichtige Voraussetzung, um unsere Motivation in konkrete Handlungen umzusetzen.

Mentale Stärke entwickeln

Mentale Stärke ist wie ein Muskel - sie wächst durch regelmäßiges Training und gezielte Herausforderungen. In diesem Kapitel werden wir uns damit beschäftigen, wie Sie Ihre mentale Widerstandskraft systematisch aufbauen und stärken können. Denn mentale Stärke ist der Schlüssel, um auch in schwierigen Situationen handlungsfähig zu bleiben und unsere Ziele konsequent zu verfolgen.

Das Mindset der Gewinner beginnt mit der grundlegenden Überzeugung, dass Herausforderungen keine Hindernisse, sondern Wachstumschancen sind. Menschen mit starker mentaler Verfassung sehen Schwierigkeiten als temporäre Zustände, nicht als permanente Niederlagen. Sie verstehen, dass Rückschläge normal sind und zum Lernprozess gehören.

Ein wesentlicher Aspekt mentaler Stärke ist die Entwicklung von Resilienz - der Fähigkeit, nach Rückschlägen wieder aufzustehen und weiterzumachen. Resiliente Menschen zeichnen sich durch folgende Eigenschaften aus:

Sie bleiben auch unter Druck handlungsfähig
Sie können negative Emotionen gut regulieren

Sie bewahren in Krisensituationen einen klaren Kopf

Sie lernen aktiv aus Fehlern und Rückschlägen

Sie passen sich flexibel an neue Situationen an

Das mentale Training beginnt mit der Schulung unserer Gedanken. Unsere inneren Dialoge haben einen enormen Einfluss auf unsere Leistungsfähigkeit und Widerstandskraft. Ein erster wichtiger Schritt ist es, destruktive Gedankenmuster zu erkennen und durch konstruktive zu ersetzen:

Statt "Das schaffe ich nie" - "Ich kann das lernen"

Statt "Das ist zu schwer" - "Das ist eine interessante Herausforderung"

Statt "Ich bin ein Versager" - "Ich wachse an meinen Erfahrungen"

Eine bewährte Technik zur Stärkung der mentalen Kraft ist die Visualisierung. Spitzensportler und erfolgreiche Führungskräfte nutzen diese Methode regelmäßig. Dabei stellen Sie sich so lebhaft wie möglich vor, wie Sie eine Herausforderung erfolgreich meistern. Je detaillierter diese mentalen Bilder sind, desto wirksamer ist die Übung:

Sehen Sie sich selbst in der Situation

Spüren Sie die damit verbundenen positiven Gefühle

Erleben Sie den Erfolg mit allen Sinnen

Verankern Sie diese erfolgreiche Version von sich selbst

Ein weiterer wichtiger Baustein mentaler Stärke ist die Entwicklung von Fokus und Konzentration. In unserer reizüberfluteten Welt ist die Fähigkeit, sich auf das Wesentliche zu konzentrieren, von unschätzbarem Wert. Folgende Übungen können dabei helfen:

Atemmeditation: Konzentrieren Sie sich für einige Minuten nur auf Ihren Atem

Mindfulness-Übungen im Alltag: Führen Sie einfache Tätigkeiten mit voller Aufmerksamkeit aus

Progressive Muskelentspannung: Lernen Sie, gezielt zwischen Anspannung und Entspannung zu wechseln

Der Umgang mit Stress ist ein zentraler Aspekt mentaler Stärke Stress ist nicht per se negativ - es kommt darauf an, wie wir ihn interpretieren und nutzen. Menschen mit hoher mentaler Stärke haben gelernt, Stress als Energiequelle zu nutzen. Sie wissen:

Stress schärft unsere Sinne

Er mobilisiert zusätzliche Kräfte

Er kann unsere Leistungsfähigkeit steigern

Die Entwicklung von Durchhaltevermögen ist ein weiterer wichtiger Aspekt. Hier einige bewährte Strategien:

Setzen Sie sich realistische, aber herausfordernde Ziele

Bleiben Sie auch bei Rückschlägen am Ball

Entwickeln Sie eine "Trotzdem"-Mentalität

Feiern Sie kleine Fortschritte

Lernen Sie aus Fehlern und passen Sie Ihre Strategie an

Ein oft unterschätzter Aspekt mentaler Stärke ist die emotionale Intelligenz. Die Fähigkeit, eigene und fremde Gefühle wahrzunehmen und angemessen damit umzugehen, ist fundamental für psychische Widerstandskraft. Dazu gehört:

Gefühle erkennen und benennen können

Emotionen regulieren lernen

Empathie entwickeln

Konstruktiv mit Konflikten umgehen

Der Aufbau von Selbstvertrauen ist ein weiterer Schlüssel zu mentaler Stärke.

Echtes Selbstvertrauen basiert nicht auf Arroganz oder Überheblichkeit, sondern auf:

Realistischer Selbsteinschätzung
Akzeptanz der eigenen Stärken und Schwächen
Erfahrungen des Gelingens
Kontinuierlicher Weiterentwicklung

Eine besonders wichtige Fähigkeit ist der Umgang mit Rückschlägen. Menschen mit hoher mentaler Stärke haben gelernt:

Rückschläge als temporär zu sehen
Sie als Feedback zu interpretieren
Konstruktive Schlüsse daraus zu ziehen
Sich nicht entmutigen zu lassen

Das Konzept der mentalen Stärke beinhaltet auch die Fähigkeit zur Selbstregulation. Dazu gehört:

Impulskontrolle
Emotionsmanagement
Aufschubtoleranz

Willenskraft

Ein weiterer wichtiger Aspekt ist die Entwicklung von Optimismus - nicht im Sinne naiver Positivität, sondern als realistische, lösungsorientierte Grundhaltung:

Probleme als Herausforderungen sehen
Auf Lösungen statt auf Probleme fokussieren
Das Beste aus jeder Situation machen
An die eigene Handlungsfähigkeit glauben

Zur Entwicklung mentaler Stärke gehört auch der Aufbau eines positiven Selbstbilds:

Die eigenen Erfolge wertschätzen
Sich realistische, aber positive Ziele setzen
An die eigene Entwicklungsfähigkeit glauben
Sich selbst mit Respekt und Würde behandeln

Im nächsten Kapitel werden wir uns damit beschäftigen, wie wir unsere Gewohnheiten transformieren können - denn mentale Stärke zeigt sich besonders im alltäglichen Handeln.

Gewohnheiten transformieren

Unsere Gewohnheiten machen uns zu dem, wer wir sind. Sie sind die kleinen, täglichen Entscheidungen und Handlungen, die über die Zeit hinweg unser Leben formen. Die gute Nachricht ist: Wir können unsere Gewohnheiten bewusst gestalten und transformieren. In diesem Kapitel lernen Sie, wie Sie negative Gewohnheiten durchbrechen und positive etablieren können.

Die Macht der Gewohnheiten liegt in ihrer Automatisierung. Etwa 40 Prozent unserer täglichen Handlungen sind Gewohnheiten – sie laufen ab, ohne dass wir bewusst darüber nachdenken müssen. Das spart Energie, kann aber auch zum Problem werden, wenn sich destruktive Gewohnheiten eingeschlichen haben.

Jede Gewohnheit folgt einem bestimmten Muster, dem sogenannten „Gewohnheitskreislauf":

Der Auslöser: Ein bestimmter Reiz oder eine Situation

Das Verlangen: Ein emotionales oder physisches Bedürfnis

Die Routine: Die eigentliche Handlung

Die Belohnung: Die Befriedigung des Verlangens

Um eine Gewohnheit zu verändern, müssen wir diesen Kreislauf verstehen und gezielt eingreifen. Nehmen wir ein Beispiel: Jemand möchte seine Gewohnheit, abends vor dem Fernseher Snacks zu essen, durchbrechen.

Der Auslöser ist das Hinsetzen vor den Fernseher

Das Verlangen ist der Wunsch nach Entspannung und Genuss

Die Routine ist das Naschen

Die Belohnung ist das angenehme Gefühl von Komfort und Ablenkung

Um diese Gewohnheit zu transformieren, können wir:

Den Auslöser verändern (z.B. an einem anderen Ort entspannen)

Ein alternatives Verlangen schaffen (z.B. Entspannung durch Meditation)

Die Routine ersetzen (z.B. Tee trinken statt Süsses essen)

Eine neue Form der Belohnung etablieren (z.B. ein entspannendes Buch)

Schlechte Gewohnheiten zu durchbrechen erfordert Bewusstheit und Strategie. Hier sind die wichtigsten Schritte:

Identifizieren Sie die Gewohnheit genau

Was ist der Auslöser?

Welches Bedürfnis steckt dahinter?

Was ist die genaue Routine?

Welche Belohnung erhalten Sie?

Verstehen Sie die Funktion
   Jede Gewohnheit erfüllt eine Funktion

Auch „schlechte" Gewohnheiten haben einen Nutzen

Es geht darum, gesündere Alternativen zu finden

Entwickeln Sie einen Plan
   Definieren Sie die neue, gewünschte Gewohnheit
   Schaffen Sie förderliche Bedingungen
   Eliminieren Sie Hindernisse
   Planen Sie den Umgang mit Rückfällen

Implementieren Sie die Veränderung schrittweise
   Beginnen Sie mit kleinen Schritten
   Etablieren Sie neue Routinen
   Bleiben Sie dran, auch bei Rückschlägen

Der 21-Tage-Prozess ist eine bewährte Methode zur Gewohnheitstransformation. Die Idee dahinter: Es braucht etwa 21 Tage konsequenter Übung, um eine neue Gewohnheit zu etablieren. Während dieser Zeit ist es wichtig:

Täglich die neue Gewohnheit zu praktizieren
   Fortschritte zu dokumentieren
   Sich für Erfolge zu belohnen
   Rückschläge als normal zu akzeptieren

Neue Gewohnheiten zu etablieren folgt bestimmten Prinzipien:

Machen Sie es offensichtlich: Platzieren Sie visuelle Erinnerungen
   Machen Sie es attraktiv: Verbinden Sie es mit etwas Angenehmem
   Machen Sie es einfach: Reduzieren Sie Hindernisse
   Machen Sie es befriedigend: Sorgen Sie für unmittelbare Belohnung

Besonders wichtig ist das Konzept der „Gewohnheitsstapelung": Verknüpfen Sie eine neue Gewohnheit mit einer bereits etablierten. Zum Beispiel: „Nach dem Zähneputzen (etablierte Gewohnheit) meditiere ich für 5 Minuten (neue Gewohnheit)."

Der Umgang mit Rückfällen ist entscheidend für den langfristigen Erfolg:

Akzeptieren Sie Rückfälle als normal
    Analysieren Sie die Auslöser
    Lernen Sie aus der Erfahrung
    Steigen Sie sofort wieder ein

Erfolgreiche Gewohnheitstransformation basiert auf vier Säulen:

1. Klarheit: Wissen, was Sie genau verändern wollen
    2. Konsistenz: Regelmäßige, konsequente Übung
    3. Kontrolle: Monitoring des Fortschritts
    4. Kontinuität: Langfristiges Durchhalten

Unterstützende Strategien für die Gewohnheitstransformation:

Führen Sie ein Gewohnheitstagebuch
Nutzen Sie Tracking-Apps
Finden Sie einen Accountability-Partner
Schaffen Sie ein unterstützendes Umfeld
Feiern Sie Ihre Erfolge

Die Kraft der Identität:
Eine besonders wirksame Strategie ist die Verknüpfung neuer Gewohnheiten mit Ihrer gewünschten Identität. Statt „Ich will gesünder leben" denken Sie „Ich bin ein gesundheitsbewusster Mensch". Diese Identitätsveränderung macht neue Gewohnheiten nachhaltiger.

Langfristige Veränderung erfordert Geduld und Ausdauer. Denken Sie daran:
Kleine Schritte führen zu großen Veränderungen
Konsistenz ist wichtiger als Perfektion
Jeder Tag ist eine neue Chance

Fortschritt ist nicht linear

Im nächsten Kapitel werden wir uns mit der Kraft der Entscheidungen beschäftigen – denn jede Gewohnheitstransformation beginnt mit der bewussten Entscheidung zur Veränderung.

Die Kraft der Entscheidungen

Unser Leben ist die Summe unserer Entscheidungen. Jeder Tag besteht aus unzähligen kleinen und großen Entscheidungen, die den Kurs unseres Lebens bestimmen. Die Fähigkeit, bewusste und förderliche Entscheidungen zu treffen, ist daher eine Schlüsselkompetenz für persönliches Wachstum und Erfolg.

Die Kunst der Entscheidungsfindung beginnt mit dem Verständnis, dass jede Entscheidung drei Komponenten hat:

Die rationale Komponente: Fakten, Logik und Analyse

Die emotionale Komponente: Gefühle, Intuition und Bauchgefühl

Die wertebezogene Komponente: Unsere tieferen Überzeugungen und Prinzipien

Eine ausgewogene Entscheidungsfindung berücksichtigt alle drei Aspekte. Zu oft treffen wir Entscheidungen entweder rein emotional oder versuchen, ausschließlich rational vorzugehen. Beides kann in die Irre führen.

Der Prozess der Entscheidungsfindung lässt sich in mehrere Schritte unterteilen:

Situation klar erfassen

Was ist das eigentliche Problem oder die Frage?

Welche Optionen stehen zur Verfügung?

Was sind die Rahmenbedingungen?

Informationen sammeln

Welche Fakten sind relevant?

Welche Erfahrungen gibt es?

Welche Expertise wird benötigt?

Alternativen entwickeln
Welche Möglichkeiten gibt es?
Was sind kreative Lösungsansätze?
Welche Kombinationen sind denkbar?

Konsequenzen abwägen
Welche kurz- und langfristigen Folgen hat jede Option?
Welche Risiken und Chancen bestehen?
Wer ist von der Entscheidung betroffen?

Entscheidung treffen
Welche Option entspricht am besten unseren Zielen und Werten?
Was sagt unsere Intuition?
Welche Lösung erscheint am nachhaltigsten?

Umsetzung planen
Wie kann die Entscheidung realisiert werden?
Welche Ressourcen werden benötigt?

Welche Hindernisse müssen überwunden werden?

Ein häufiges Problem bei der Entscheidungsfindung ist die „Entscheidungslähmung" – die Unfähigkeit, eine Entscheidung zu treffen aus Angst vor Fehlern oder negativen Konsequenzen. Hier einige Strategien, um diese zu überwinden:

Die 70%-Regel: Wenn Sie 70% sicher sind, treffen Sie die Entscheidung

Die Zwei-Minuten-Regel: Kleine Entscheidungen sollten nicht länger als zwei Minuten brauchen

Die Reversibilitäts-Prüfung: Ist die Entscheidung rückgängig zu machen?

Die Zukunfts-Perspektive: Wie wichtig wird diese Entscheidung in einem Jahr sein?

Verantwortung für Entscheidungen zu übernehmen bedeutet:

Die Konsequenzen akzeptieren

Aus Fehlentscheidungen lernen

Zu den eigenen Entscheidungen stehen
Flexibel auf veränderte Umstände reagieren

Konsequentes Handeln nach getroffenen Entscheidungen ist entscheidend für den Erfolg. Dabei helfen folgende Prinzipien:

Klare Prioritäten setzen
Ablenkungen minimieren
Fortschritte dokumentieren
Unterstützung organisieren

Der Umgang mit Unsicherheit ist eine besondere Herausforderung bei Entscheidungen. Hier einige Strategien:

Risiken realistisch einschätzen
Verschiedene Szenarien durchspielen
Notfallpläne entwickeln
Flexibilität bewahren

Die emotionale Komponente von Entscheidungen:

Emotionen sind wichtige Signalgeber bei Entscheidungen. Sie können uns vor Gefahren warnen oder auf Chancen hinweisen. Allerdings sollten wir lernen, zwischen hilfreichen emotionalen Signalen und irrationalen Ängsten zu unterscheiden.

Wichtige Fragen für emotionale Klarheit:

Woher kommt diese Emotion?

Ist sie der Situation angemessen?

Welche früheren Erfahrungen spielen eine Rolle?

Wie beeinflusst die Emotion meine Entscheidungsfindung?

Der Einfluss unserer Werte:

Jede wichtige Entscheidung sollte mit unseren Kernwerten übereinstimmen. Fragen Sie sich:

Entspricht diese Entscheidung meinen Werten?

Bringt sie mich meinen Lebenszielen näher?

Kann ich mit den Konsequenzen gut leben?

Fühlt sich die Entscheidung authentisch an?

Die Rolle der Zeit:

Timing ist bei Entscheidungen oft entscheidend. Beachten Sie:

Den richtigen Moment wählen

Genug Zeit für wichtige Entscheidungen nehmen

Zwischen schnellen und langsamen Entscheidungen unterscheiden

Deadlines setzen und einhalten

Entscheidungsfallen vermeiden:

Gruppendruck widerstehen

Nicht von Emotionen überwältigt werden

Vorschnelle Urteile vermeiden

Alternativen gründlich prüfen

Die Kraft der Entscheidungen zeigt sich besonders in ihrer kumulativen Wirkung. Kleine, tägliche Entscheidungen summieren sich über die Zeit zu großen Veränderungen. Daher ist es wichtig:

Bewusst zu entscheiden statt automatisch zu reagieren

Langfristige Konsequenzen zu berücksichtigen

Werte und Ziele als Entscheidungsgrundlage zu nutzen

Aus Erfahrungen zu lernen und Entscheidungen anzupassen

Im nächsten Kapitel werden wir uns mit der Entwicklung emotionaler Intelligenz beschäftigen – einer wichtigen Grundlage für kluge Entscheidungen und erfolgreiches Handeln.

Emotionale Intelligenz stärken

Emotionale Intelligenz ist eine Schlüsselkompetenz für persönliches

Wachstum und erfolgreiche Selbstüberwindung. Sie umfasst die Fähigkeit, eigene und fremde Gefühle wahrzunehmen, zu verstehen und angemessen darauf zu reagieren. In diesem Kapitel lernen Sie, wie Sie Ihre emotionale Intelligenz systematisch entwickeln und für Ihre Ziele nutzen können.

Gefühle verstehen und nutzen bedeutet zunächst, sie als wertvolle Informationsquellen anzuerkennen. Emotionen sind wie ein inneres Navigationssystem – sie geben uns wichtige Hinweise darüber:

Was uns wichtig ist
  Was wir brauchen
  Wo unsere Grenzen liegen
  Welche Situationen uns herausfordern

Die Basis emotionaler Intelligenz ist die Selbstwahrnehmung. Hier geht es darum:

Gefühle präzise wahrzunehmen

Sie differenziert zu benennen
Ihre Ursprünge zu verstehen
Ihre Intensität einzuschätzen

Ein wichtiges Werkzeug zur Entwicklung der Selbstwahrnehmung ist das Emotionstagebuch. Notieren Sie täglich:

Welche Gefühle Sie erleben
In welchen Situationen sie auftreten
Wie Sie darauf reagieren
Welche Muster Sie erkennen

Die emotionale Regulation ist ein weiterer zentraler Aspekt. Sie umfasst die Fähigkeit:

Gefühle zu steuern, ohne sie zu unterdrücken
Mit intensiven Emotionen umzugehen
Sich selbst zu beruhigen
Konstruktiv auf Stress zu reagieren

Bewährte Strategien zur emotionalen Regulation sind:

Atemtechniken
    Körperliche Bewegung
    Achtsamkeitsübungen
    Progressive Muskelentspannung
    Positive Visualisierung

Die Entwicklung von Impulskontrolle ist besonders wichtig für die Selbstüberwindung. Dies bedeutet:

Zwischen Reiz und Reaktion eine Pause einzulegen
    Handlungsimpulse bewusst zu überprüfen
    Langfristige Konsequenzen zu bedenken
    Alternative Reaktionen zu entwickeln

Ein wichtiger Aspekt emotionaler Intelligenz ist die Empathie – die Fähigkeit:

Sich in andere hineinzuversetzen
    Perspektivwechsel vorzunehmen
    Nonverbale Signale zu deuten
    Mitgefühl zu entwickeln

Die soziale Komponente emotionaler Intelligenz umfasst:

Beziehungen aufbauen und pflegen
  Konflikte konstruktiv lösen
  Klar kommunizieren
  Grenzen setzen und respektieren

Emotionale Trigger erkennen und managen:

Identifizieren Sie Ihre persönlichen Trigger
  Verstehen Sie deren Ursprung
  Entwickeln Sie Bewältigungsstrategien
  Üben Sie neue Reaktionsmuster

Die Verbindung von Emotion und Motivation:

Positive Gefühle als Antrieb nutzen
  Negative Gefühle konstruktiv umwandeln
  Emotionale Energie kanalisieren
  Begeisterung kultivieren

Emotionale Intelligenz in Stresssituationen:

Warnsignale früh erkennen

Stressreaktionen regulieren
Ressourcen aktivieren
Belastungsgrenzen respektieren

Die Entwicklung emotionaler Reife bedeutet:

Verantwortung für die eigenen Gefühle übernehmen
Emotionale Unabhängigkeit entwickeln
Mit Unsicherheit umgehen können
Innere Balance finden

Praktische Übungen zur Stärkung emotionaler Intelligenz:

Tägliche Gefühlsreflexion
Aktives Zuhören
Perspektivwechsel-Training
Emotionsregulations-Übungen

Der Zusammenhang von emotionaler Intelligenz und Resilienz:

Krisen als Wachstumschancen sehen
Emotionale Flexibilität entwickeln

Copingstrategien aufbauen

Optimismus kultivieren

Die Integration von Emotion und Ratio:

Gefühle und Verstand in Balance bringen

Intuition schulen

Ganzheitliche Entscheidungen treffen

Weisheit entwickeln

Im nächsten Kapitel werden wir uns mit effektivem Zeit- und Energiemanagement beschäftigen – denn emotionale Balance braucht auch eine gute Organisation des Alltags.

Zeit- und Energiemanagement

Die effektive Nutzung unserer Zeit und Energie ist fundamental für erfolgreiche Selbstüberwindung. Oft scheitern wir nicht an mangelndem Willen, sondern an schlechtem Management unserer Ressourcen. In diesem Kapitel lernen Sie, wie Sie Ihre Zeit und

Energie optimal einsetzen können, um Ihre Ziele zu erreichen.

Zeiteinteilung beginnt mit klaren Prioritäten. Der erste Schritt ist die Unterscheidung zwischen:

Wichtig und dringend
   Wichtig, aber nicht dringend
   Dringend, aber nicht wichtig
   Weder wichtig noch dringend

Die Eisenhower-Matrix ist hier ein bewährtes Werkzeug zur Priorisierung:

Quadrant 1: Wichtig und dringend – sofort erledigen
   Quadrant 2: Wichtig, aber nicht dringend – einplanen
   Quadrant 3: Dringend, aber nicht wichtig – delegieren
   Quadrant 4: Weder wichtig noch dringend – eliminieren

Prokrastination ist eines der größten Hindernisse für effektives Zeitmanagement. Um sie zu überwinden, helfen folgende Strategien:

Die 2-Minuten-Regel: Wenn eine Aufgabe weniger als 2 Minuten dauert, sofort erledigen

Die „Eat That Frog"-Methode: Die schwierigste Aufgabe zuerst angehen

Die Pomodoro-Technik: 25 Minuten konzentriert arbeiten, dann 5 Minuten Pause

Die Salami-Taktik: Große Aufgaben in kleine, überschaubare Schritte unterteilen

Energiemanagement ist mindestens genauso wichtig wie Zeitmanagement. Unsere Energie folgt natürlichen Rhythmen:

Tagesrhythmus (circadianer Rhythmus)
Leistungshochs und -tiefs
Erholungsphasen
Regenerationszeiten

Um unsere Energiereserven optimal zu nutzen, sollten wir:

Die persönlichen Hochleistungszeiten kennen
Wichtige Aufgaben in energiereiche Phasen legen
Regelmäßige Pausen einplanen
Auf ausreichend Schlaf achten

Effektive Planung basiert auf mehreren Ebenen:

Langfristige Zielplanung (Jahre)
Mittelfristige Projektplanung (Monate)
Kurzfristige Wochenplanung
Tägliche To-Do-Listen

Dabei hilft die SMART-Methode:

Spezifisch: Konkrete Ziele setzen
Messbar: Fortschritte quantifizieren
Attraktiv: Motivierende Ziele wählen
Realistisch: Machbare Schritte planen
Terminiert: Klare Deadlines setzen

Die Rolle von Routinen:

Morgenroutine etablieren
   Arbeitsblöcke strukturieren
   Übergänge gestalten
   Abendroutine entwickeln

Energiefresser identifizieren und eliminieren:

Multitasking vermeiden
   Ablenkungen minimieren
   Grenzen setzen
   Nein-Sagen lernen

Energiequellen kultivieren:

Bewegung in den Alltag integrieren
   Gesunde Ernährung
   Soziale Kontakte pflegen
   Hobbys und Ausgleich

Zeitdiebe erkennen und eliminieren:

Unnötige Meetings

Übermäßiger Social Media Konsum
Perfektionismus
Unklare Prioritäten

Die Kunst der Balance:

Arbeit und Erholung ausgleichen
  Anspannung und Entspannung
  Aktivität und Ruhe
  Leistung und Regeneration

Strategien   für   besseres
Energiemanagement:

Power Napping
  Bewegungspausen
  Atemübungen
  Meditation

Die Bedeutung von Grenzen:

Zeitliche Grenzen setzen
  Energetische Grenzen respektieren
  Persönliche Grenzen wahren
  Berufliche Grenzen ziehen

Werkzeuge für effektives Zeitmanagement:

Digitale Kalender
    To-Do-Listen Apps
    Projektmanagement-Tools
    Zeiterfassungs-Apps

Der Umgang mit unerwarteten Ereignissen:

Pufferzeiten einplanen
    Flexibel bleiben
    Prioritäten anpassen
    Alternativen vorbereiten

Langfristige Perspektive entwickeln:

Lebenszeit-Management
    Work-Life-Integration
    Karriereplanung
    Persönliche Entwicklung

Die Rolle der Gewohnheiten:

Zeitsparende Routinen entwickeln

Energieeffiziente Abläufe schaffen

Automatisierung nutzen

Standards etablieren

Im nächsten Kapitel werden wir uns mit der Macht des Unterbewusstseins beschäftigen – denn viele unserer Zeit- und Energiemuster sind tief in unserem Unterbewusstsein verankert.

Die Macht des Unterbewusstseins

Unser Unterbewusstsein ist wie ein mächtiger Computer, der ständig im Hintergrund arbeitet und einen Großteil unseres Verhaltens und unserer Entscheidungen steuert. Es speichert alle unsere Erfahrungen, Überzeugungen und Gewohnheitsmuster. Die gezielte Programmierung des Unterbewusstseins ist daher ein Schlüssel zur nachhaltigen Selbstüberwindung.

Die Funktionsweise des Unterbewusstseins zu verstehen ist der erste Schritt. Unser Unterbewusstsein:

Arbeitet 24/7 ohne Pause
Verarbeitet Millionen von Informationen gleichzeitig
Kennt keinen Unterschied zwischen Realität und Vorstellung
Reagiert besonders stark auf Bilder und Emotionen

Die Programmierung des Unterbewusstseins erfolgt durch verschiedene Kanäle:

Wiederholte Gedanken
Emotionale Erlebnisse
Visuelle Eindrücke
Körperliche Erfahrungen
Sprachliche Suggestionen

Visualisierungstechniken sind besonders effektiv, weil das Unterbewusstsein nicht zwischen einem real erlebten und einem intensiv vorgestellten Ereignis unterscheiden kann. Erfolgreiche Visualisierung beinhaltet:

Klare, detaillierte Bilder
Intensive emotionale Beteiligung
Alle Sinne einbeziehen
Regelmäßige Wiederholung

Ein praktisches Visualisierungsprotokoll könnte so aussehen:

Morgens: 5-10 Minuten Erfolgsvisualisierung
Tagsüber: Kurze mentale „Erfolgsblitze"
Abends: Entspannte Zielprogrammierung
Vor wichtigen Ereignissen: Intensive Vorstellungsarbeit

Affirmationen sind ein weiteres kraftvolles Werkzeug zur Umprogrammierung des Unterbewusstseins. Wirksame Affirmationen sind:

Positiv formuliert
In der Gegenwart
Persönlich und emotional

Realistisch und glaubwürdig

Beispiele für kraftvolle Affirmationen:

„Ich wachse täglich über mich hinaus"
    „Ich vertraue meiner inneren Kraft"
    „Ich bewältige alle Herausforderungen mit Leichtigkeit"
    „Ich bin stark und selbstbewusst"

Die mentale Reprogrammierung erfolgt in mehreren Schritten:

1. Bewusstwerdung aktueller Programme
    - Welche Überzeugungen steuern mich?
    - Woher kommen diese Muster?
    - Welche davon sind hilfreich?
    - Welche möchte ich ändern?

2. Entwicklung neuer Programme
    - Was möchte ich stattdessen glauben?
    - Welche Überzeugungen unterstützen meine Ziele?
    - Wie sieht mein ideales Selbstbild aus?

- Welche Gewohnheiten möchte ich entwickeln?

3. Installation neuer Programme
   - Regelmäßige Visualisierung
   - Positive Affirmationen
   - Emotionale Verankerung
   - Praktische Umsetzung

4. Integration und Festigung
   - Tägliche Praxis
   - Erfolgsmonitoring
   - Anpassung und Optimierung
   - Langfristige Stabilisierung

Die Arbeit mit dem inneren Dialog ist besonders wichtig:
- Bewusstes Wahrnehmen der Selbstgespräche
   - Umformulierung negativer Aussagen
- Entwicklung einer unterstützenden inneren Stimme
   - Kultivierung positiver Gedankenmuster

Die Kraft der Suggestion nutzen:
- Autosuggestive Techniken
- Entspannungsbasierte Programmierung
- Hypnotische Methoden
- NLP-Techniken

Die Rolle der Emotionen:
Emotionen sind der Schlüssel zum Unterbewusstsein. Je stärker die emotionale Beteiligung, desto wirksamer die Programmierung.

Praktische Übungen zur emotionalen Verankerung:
- Erfolgsmomente intensiv nacherleben
- Positive Gefühle bewusst kultivieren
- Ressourcenzustände verankern
- Emotionale Trigger etablieren

Die Bedeutung des Schlafes:
Der Schlaf ist eine besonders wichtige Zeit für die Verarbeitung und Integration neuer Programme:

- Vor dem Einschlafen positive Suggestionen

- Traumarbeit nutzen
- Morgendliche Programmierung
- Schlaf-Lern-Techniken

Unterstützende Rituale entwickeln:
- Morgenritual zur Aktivierung
- Tagesrituale zur Verstärkung
- Abendritual zur Integration
- Wochenrituale zur Verankerung

Die Rolle der Umgebung:
Unsere Umgebung beeinflusst stark unser Unterbewusstsein:

- Inspirierendes Umfeld schaffen
- Positive Trigger platzieren
- Störfaktoren eliminieren
- Unterstützende Menschen einbinden

Arbeit mit Symbolen und Ankern:
- Persönliche Kraftsymbole entwickeln
- Erfolgsanker setzen
- Visuelle Erinnerungen platzieren
- Motivierende Bilder nutzen

Der Umgang mit Widerständen:
- Widerstände als Feedback verstehen
- Sanfte Transformation statt Kampf
- Schrittweise Veränderung
- Integration alter Muster

Im nächsten Kapitel werden wir uns mit der Verbindung von Körper und Geist beschäftigen – denn unser Unterbewusstsein ist eng mit unseren körperlichen Prozessen verbunden.

Körper und Geist verbinden

Die Verbindung von Körper und Geist ist eine fundamentale Basis für erfolgreiche Selbstüberwindung. Unser körperlicher Zustand beeinflusst direkt unsere mentale Verfassung und umgekehrt. In diesem Kapitel lernen Sie, wie Sie diese Verbindung optimal nutzen können, um Ihre Ziele zu erreichen.

Die körperliche Komponente der Selbstüberwindung wird oft unterschätzt. Dabei ist unser Körper das Fundament für alle mentalen und emotionalen Prozesse. Ein gesunder, vitaler Körper macht es uns wesentlich leichter:

Herausforderungen anzunehmen
    Stress zu bewältigen
    Fokussiert zu bleiben
    Energie für Veränderungen zu haben

Sport als Katalysator für Selbstüberwindung ist wissenschaftlich gut belegt. Regelmäßige körperliche Aktivität:

Stärkt den Willen
    Verbessert die Stressresistenz
    Erhöht die mentale Leistungsfähigkeit
    Fördert positive Stimmung

Die optimale Bewegungsstrategie umfasst:

Ausdauertraining für mentale Stärke
    Krafttraining für innere Stabilität

Beweglichkeitstraining für Flexibilität
Koordinationstraining für Körperbewusstsein

Die Rolle der Ernährung für mentale Stärke:

Brain Food für optimale Gehirnfunktion
Ausgewogene Nährstoffversorgung
Stabilisierung des Blutzuckerspiegels
Ausreichend Hydration

Besonders wichtige Nährstoffe für mentale Stärke:

Omega-3-Fettsäuren für Gehirngesundheit
B-Vitamine für Nervenfunktion
Magnesium für Stressresistenz
Antioxidantien für Zellschutz

Der Schlaf-Faktor ist entscheidend für erfolgreiche Selbstüberwindung:

Ausreichend Schlaf (7-9 Stunden)
Regelmäßige Schlafzeiten
Optimale Schlafumgebung

Gesunde Schlafhygiene

Praktische Strategien für besseren Schlaf:

Abendrituale entwickeln
　　Digitale Auszeit vor dem Schlaf
　　Schlaffördernde Umgebung schaffen
　　Entspannungstechniken nutzen

Die Integration von körperlichen und mentalen Praktiken:

Yoga für Körper-Geist-Balance
　　Meditation für innere Ruhe
　　Tai Chi für Zentrierung
　　Atemübungen für Fokus

Stressmanagement durch körperliche Praktiken:

Progressive Muskelentspannung
　　Autogenes Training
　　Bewegungsmeditation

Die Bedeutung der Körperhaltung:

Aufrechte Haltung für Selbstbewusstsein
    Power Posing für mentale Stärke
    Körpersprache bewusst einsetzen
    Haltungskorrektur   für   besseres
Wohlbefinden

Energiemanagement   durch   körperliche
Aktivität:

Bewegungspausen im Alltag
    Energetisierende Übungen
    Ausgleichsbewegungen
    Regenerative Praktiken

Die Rolle der Sinneswahrnehmung:

Bewusstes Sehen
    Aktives Hören
    Tastsinn schulen
    Körperempfindungen wahrnehmen

Praktische Übungen zur Körper-Geist-Integration:

Body-Mind-Scanning
Achtsamkeitsübungen
Körperwahrnehmungstraining
Bewegungsimprovisation

Der Umgang mit körperlichen Signalen:

Stresssymptome erkennen
Müdigkeitssignale respektieren
Energielevel beobachten
Regenerationsbedarf wahrnehmen

Die Entwicklung von Körperintelligenz:

Intuitive Bewegung
Natürliche Rhythmen
Körperliche Grenzen
Regenerative Fähigkeiten

Praktische Integration in den Alltag:

Bewegte Meetings
  Aktive Pausen
  Steharbeitsplätze
  Bewegungsorientierte Freizeitgestaltung

Die Bedeutung von Recovery:

Aktive Erholung
  Passive Regeneration
  Mentale Entspannung
  Körperliche Regeneration

Der Aufbau von Resilienz durch körperliche Praxis:

Belastungstoleranz entwickeln
  Durchhaltevermögen stärken
  Regenerationsfähigkeit verbessern
  Stressresistenz erhöhen

Im nächsten Kapitel werden wir uns mit der Bedeutung sozialer Unterstützung beschäftigen – denn auch unsere

Beziehungen haben einen enormen Einfluss auf unsere Fähigkeit zur Selbstüberwindung.

Soziale Unterstützung nutzen

Der Mensch ist ein soziales Wesen, und unsere Fähigkeit zur Selbstüberwindung wird stark von unserem sozialen Umfeld beeinflusst. In diesem Kapitel lernen Sie, wie Sie die Kraft sozialer Unterstützung optimal für Ihre persönliche Entwicklung nutzen können.

Das richtige Umfeld schaffen ist fundamental für nachhaltigen Erfolg. Jim Rohn sagte einmal: „Wir sind der Durchschnitt der fünf Menschen, mit denen wir am meisten Zeit verbringen." Diese Erkenntnis ist wissenschaftlich gut belegt – unser soziales Umfeld prägt:

Unsere Gewohnheiten
  Unsere Überzeugungen

Unsere Ambitionen
Unsere Erfolgswahrscheinlichkeit

Die Gestaltung eines förderlichen Umfelds umfasst mehrere Aspekte:

Die bewusste Wahl von Beziehungen
Die aktive Pflege unterstützender Kontakte
Die Distanzierung von toxischen Einflüssen
Die Integration in positive Gemeinschaften

Mentoring und Coaching spielen eine besondere Rolle:

Erfahrene Mentoren als Vorbilder
Professionelle Coaches für Entwicklung
Experten für spezifische Bereiche
Sparringspartner für Wachstum

Ein effektives Mentoring-Verhältnis basiert auf:

Klaren Zielen und Erwartungen

Regelmäßigem Austausch
Gegenseitigem Respekt
Verbindlicher Kommunikation

Networking für Erfolg bedeutet:

Strategische Beziehungen aufbauen
Wertvolle Kontakte pflegen
Synergien nutzen
Gegenseitige Unterstützung

Erfolgreiche Netzwerkstrategien beinhalten:

Aktives Geben statt nur Nehmen
Authentisches Interesse an anderen
Regelmäßige Kontaktpflege
Wertschaffung für das Netzwerk

Die Identifikation toxischer Beziehungen ist wichtig:

Energieräuber erkennen
Negative Einflüsse identifizieren
Destruktive Dynamiken verstehen

Ungesunde Beziehungsmuster durchschauen

Merkmale toxischer Beziehungen:

Ständige Kritik und Abwertung
    Manipulation und Kontrolle
    Energieentzug
    Demotivation und Entmutigung

Strategien zum Umgang mit toxischen Menschen:

Klare Grenzen setzen
    Emotionale Distanz wahren
    Kontakt reduzieren
    Alternativen aufbauen

Die Kraft der Peer-Gruppe nutzen:

Gleichgesinnte finden
    Mastermind-Gruppen bilden
    Lerngemeinschaften aufbauen
    Unterstützungsnetzwerke schaffen

Erfolgreiche Mastermind-Gruppen basieren auf:

Gemeinsamen Zielen
  Regelmäßigen Treffen
  Strukturiertem Austausch
  Gegenseitiger Verantwortlichkeit

Die Rolle der Familie:

Familiäre Unterstützung aktivieren
  Realistische Erwartungen setzen
  Konflikte konstruktiv lösen
  Balance zwischen Nähe und Autonomie

Professionelle Unterstützungssysteme:

Therapeutische Begleitung
  Supervision und Coaching
  Fachliche Beratung
  Expertenunterstützung

Die Bedeutung von Vorbildern:

Inspirierende Menschen studieren

Erfolgsstrategien adaptieren

Aus Erfahrungen lernen

Eigene Wege finden

Online-Communities sinnvoll nutzen:

Virtuelle Unterstützungsgruppen

Fachforen und Plattformen

Social Media gezielt einsetzen

Online-Mentoring

Die Kunst des Gebens und Nehmens:

Ausgewogene Beziehungen pflegen

Wertschätzung zeigen

Unterstützung anbieten

Hilfe annehmen können

Kommunikationsstrategien für effektive Unterstützung:

Klare Kommunikation

Aktives Zuhören

Konstruktives Feedback

Empathische Gesprächsführung

Der Aufbau von Vertrauensbeziehungen:

Verlässlichkeit zeigen
    Authentisch sein
    Vertraulichkeit wahren
    Integrität leben

Die Integration in unterstützende Gemeinschaften:

Vereine und Organisationen
    Interessengruppen
    Professionelle Netzwerke
    Spirituelle Gemeinschaften

Im nächsten Kapitel werden wir uns mit Stressmanagement und Resilienz beschäftigen – denn auch die beste soziale Unterstützung muss durch innere Widerstandskraft ergänzt werden.

Stressmanagement und Resilienz

Stress ist ein unvermeidlicher Teil des Lebens, besonders wenn wir uns herausfordern und über uns hinauswachsen wollen. Der entscheidende Unterschied liegt nicht darin, ob wir Stress erleben, sondern wie wir damit umgehen. In diesem Kapitel lernen Sie, wie Sie Stress effektiv managen und Ihre Resilienz stärken können.

Stressbewältigung beginnt mit dem Verständnis von Stress:

Positiver Stress (Eustress):
- Motiviert und aktiviert
- Steigert die Leistungsfähigkeit
- Fördert Wachstum
- Ist zeitlich begrenzt

Negativer Stress (Distress):
- Belastet und erschöpft
- Mindert die Leistung
- Führt zu Blockaden
- Wird als bedrohlich erlebt

Die physiologische Stressreaktion verstehen:
- Fight-or-Flight Response
- Hormonsystem und Stressachse
- Körperliche Symptome
- Regenerationsmechanismen

Effektive Stressbewältigung basiert auf drei Säulen:

1. Stressoren reduzieren:
   - Prioritäten setzen
   - Grenzen ziehen
   - Nein sagen lernen
   - Aufgaben delegieren

2. Stressresistenz erhöhen:
   - Körperliche Fitness
   - Mentale Stärke
   - Emotionale Balance
   - Soziale Unterstützung

3. Regeneration optimieren:
   - Ausreichend Schlaf
   - Regelmäßige Pausen

- Aktive Erholung
- Entspannungsphasen

Bewährte Entspannungstechniken:

Atemübungen:
- 4-7-8-Atmung
- Bauchatmung
- Wechselatmung
- Atemmeditation

Progressive Muskelentspannung:
- Systematische Anspannung und Entspannung
- Körperbewusstsein schulen
- Spannungsmuster erkennen
- Tiefenentspannung erreichen

Meditation und Achtsamkeit:
- Tägliche Meditationspraxis
- Mindfulness im Alltag
- Body-Scan
- Gedankenhygiene

Work-Life-Balance gestalten:

Zeitmanagement:
- Prioritäten setzen
- Puffer einplanen
- Grenzen ziehen
- Routinen etablieren

Energiemanagement:
- Energiequellen identifizieren
- Energiefresser eliminieren
- Regenerationszeiten einplanen
- Ressourcen aufbauen

Lebensbereichsbalance:
- Beruf und Privatleben
- Familie und Freizeit
- Aktivität und Ruhe
- Soziales und Alleinsein

Burnout-Prävention ist essentiell:

Warnsignale erkennen:
- Chronische Erschöpfung
- Emotionale Distanzierung
- Leistungsabfall

- Körperliche Symptome

Präventive Maßnahmen:
- Regelmäßige Selbstreflexion
- Frühzeitige Intervention
- Professionelle Unterstützung
- Lebensstilanpassung

Resilienz aufbauen durch:

Positive Psychologie:
- Stärkenorientierung
- Ressourcenaktivierung
- Wachstumsmindset
- Optimismus kultivieren

Soziale Unterstützung:
- Vertrauenspersonen
- Professionelle Begleitung
- Peer-Support
- Netzwerke

Selbstwirksamkeit stärken:
- Erfolgserlebnisse schaffen
- Kompetenzen entwickeln

- Handlungsspielräume erweitern
- Kontrollüberzeugung aufbauen

Praktische Strategien für den Alltag:

Morgenroutine:
- Bewusster Start
- Energetisierung
- Zentrierung
- Tagesausrichtung

Tagesstruktur:
- Rhythmisierung
- Pausengestaltung
- Priorisierung
- Flexibilität

Abendroutine:
- Tagesabschluss
- Entspannung
- Reflexion
- Regeneration

Die Entwicklung emotionaler Resilienz:

Gefühlsregulation:
- Emotionen erkennen
- Ausdruck finden
- Regulation lernen
- Balance halten

Copingstrategien:
- Problembewältigung
- Emotionsregulation
- Stressreduktion
- Ressourcenaktivierung

Im nächsten Kapitel werden wir uns mit der praktischen Implementierung von Erfolgsstrategien beschäftigen – denn all dieses Wissen muss in konkretes Handeln umgesetzt werden.

Erfolgsstrategien implementieren

Der Weg vom Wissen zum Handeln ist oft der schwierigste Teil der Selbstüberwindung. In diesem Kapitel lernen Sie, wie Sie theoretisches Wissen in praktische

Erfolgsstrategien umsetzen und diese nachhaltig in Ihrem Leben verankern können.

Die Umsetzung von Wissen in Handeln erfordert einen strukturierten Ansatz:

Die Implementierungslücke schließen:
- Hindernisse identifizieren
- Konkrete Handlungsschritte definieren
- Umsetzungsbarrieren abbauen
- Erfolgsroutinen entwickeln

Den Implementierungsprozess strukturieren:

1. Analyse der Ausgangssituation:
- Wo stehe ich jetzt?
- Was sind meine Stärken?
- Welche Ressourcen habe ich?
- Was sind meine Hindernisse?

2. Zielsetzung konkretisieren:
- SMART-Ziele definieren
- Meilensteine festlegen
- Messbare Kriterien bestimmen
- Zeitplan erstellen

3. Handlungsplan entwickeln:
   - Einzelschritte definieren
   - Prioritäten setzen
   - Ressourcen zuordnen
   - Verantwortlichkeiten klären

4. Umsetzung starten:
   - Erste Schritte gehen
   - Momentum aufbauen
   - Frühe Erfolge sichern
   - Motivation stärken

Fortschritte messen ist essentiell:

Quantitative Messung:
   - Zahlen und Daten erheben
   - Kennzahlen definieren
   - Tracking-Systeme nutzen
   - Statistiken führen

Qualitative Bewertung:
   - Subjektives Erleben dokumentieren
   - Erfahrungen reflektieren
   - Lernprozesse beschreiben

- Entwicklung beobachten

Feedback-Schleifen etablieren:

Selbst-Feedback:
- Tägliche Reflexion
- Wochenrückblick
- Monatliche Auswertung
- Jahresanalyse

Externes Feedback:
- Mentor-Feedback
- Peer-Review
- Expertenrat
- Kundenfeedback

Kontinuierliche Verbesserung sicherstellen:

PDCA-Zyklus anwenden:
- Plan: Planen und vorbereiten
- Do: Umsetzen und handeln
- Check: Überprüfen und analysieren
- Act: Anpassen und verbessern

Lernprozesse optimieren:
- Aus Erfahrungen lernen
- Best Practices entwickeln
- Fehler konstruktiv nutzen
- Wissen integrieren

Erfolgsstrategien nachhaltig verankern:

Gewohnheitsbildung:
- Neue Routinen etablieren
- Trigger definieren
- Belohnungssysteme schaffen
- Konsistenz aufbauen

Systemische Integration:
- In bestehende Abläufe einbetten
- Mit anderen Prozessen verbinden
- Synergien nutzen
- Effizienz steigern

Hindernisse überwinden:

Widerstandsmanagement:
- Widerstände identifizieren
- Lösungen entwickeln

- Alternativen prüfen
- Flexibel reagieren

Krisenmanagement:
- Notfallpläne erstellen
- Rückfallprävention
- Unterstützung organisieren
- Resilienz stärken

Erfolge sichern und ausbauen:

Erfolgsfaktoren identifizieren:
- Was funktioniert gut?
- Warum funktioniert es?
- Wie kann es optimiert werden?
- Was kann übertragen werden?

Erfolge multiplizieren:
- Best Practices dokumentieren
- Erfolgsmodelle skalieren
- Wissen weitergeben
- Netzwerke nutzen

Langfristige Perspektive entwickeln:

Strategische Planung:
- Vision entwickeln
- Ziele definieren
- Ressourcen planen
- Meilensteine setzen

Nachhaltigkeit sichern:
- Systeme etablieren
- Strukturen schaffen
- Prozesse optimieren
- Qualität sichern

Im nächsten und letzten Kapitel werden wir uns mit der langfristigen Transformation beschäftigen – denn wahre Veränderung braucht Zeit und muss nachhaltig in unser Leben integriert werden.

Langfristige Transformation

Die wahre Kunst der Selbstüberwindung liegt nicht in einzelnen Erfolgen, sondern in der nachhaltigen Transformation unseres Wesens. In diesem abschließenden Kapitel lernen Sie, wie Sie Ihre Entwicklung langfristig sichern und zu einer dauerhaften Veränderung Ihres Lebens machen können.

Nachhaltigkeit sichern bedeutet zunächst, zu verstehen, dass echte Veränderung ein Prozess ist, kein einmaliges Ereignis. Dieser Prozess durchläuft verschiedene Phasen:

Die Initiierungsphase:
  - Bewusstwerdung der Notwendigkeit
  - Motivation aufbauen
  - Erste Schritte wagen
  - Grundlagen schaffen

Die Implementierungsphase:
  - Neue Gewohnheiten etablieren
  - Widerstände überwinden
  - Erfolge erzielen
  - Strukturen aufbauen

Die Stabilisierungsphase:
  - Routinen festigen
  - Rückfälle bewältigen
  - Erfolge verstetigen
  - Systeme optimieren

Die Transformationsphase:
- Neue Identität entwickeln
- Tiefgreifende Veränderung
- Nachhaltiges Wachstum
- Authentische Integration

Integration in den Alltag erfordert:

Praktische Integration:
- Alltagsroutinen anpassen
- Zeitmanagement optimieren
- Ressourcen einplanen
- Unterstützung organisieren

Emotionale Integration:
- Gefühle einbeziehen
- Widerstände bearbeiten
- Motivation pflegen
- Balance finden

Mentale Integration:
- Denkweisen verändern
- Überzeugungen anpassen
- Mindset entwickeln

- Vision leben

Soziale Integration:
- Umfeld einbeziehen
- Beziehungen pflegen
- Unterstützung aktivieren
- Netzwerke aufbauen

Lebenslanges Wachstum gestalten:

Kontinuierliche Entwicklung:
- Neue Ziele setzen
- Horizonte erweitern
- Kompetenzen ausbauen
- Potenziale entfalten

Lernbereitschaft kultivieren:
- Neugier bewahren
- Offenheit pflegen
- Experimentierfreude fördern
- Wachstumsmindset leben

Anpassungsfähigkeit entwickeln:
- Flexibel bleiben
- Change-Kompetenz aufbauen

- Resilient werden
- Agilität fördern

Die neue Identität leben bedeutet:

Selbstbild transformieren:
- Neue Rollen annehmen
- Stärken integrieren
- Potenziale leben
- Authentizität entwickeln

Werte verkörpern:
- Prinzipien leben
- Integrität zeigen
- Vorbildfunktion wahrnehmen
- Verantwortung übernehmen

Nachhaltigkeit auf allen Ebenen:

Körperliche Ebene:
- Gesundheit pflegen
- Energie managen
- Fitness erhalten
- Vitalität fördern

Emotionale Ebene:
- Gefühlsbalance halten
- Beziehungen pflegen
- Empathie entwickeln
- Mitgefühl kultivieren

Mentale Ebene:
- Klarheit bewahren
- Fokus halten
- Weisheit entwickeln
- Perspektive wahren

Spirituelle Ebene:
- Sinn finden
- Verbundenheit erleben
- Tiefe entwickeln
- Transzendenz erfahren

Langfristige Erfolgsfaktoren:

Konsistenz:
- Regelmäßigkeit pflegen
- Disziplin entwickeln
- Verbindlichkeit zeigen
- Treue zu sich selbst

Flexibilität:
- Anpassungsfähig bleiben
- Alternativen entwickeln
- Kreativität nutzen
- Lösungsorientiert handeln

Balance:
- Gleichgewicht finden
- Harmonie schaffen
- Ausgleich pflegen
- Mitte bewahren

Authentizität:
- Echt sein
- Wahrhaftig leben
- Integrität zeigen
- Sich treu bleiben

Mit diesem letzten Kapitel schließt sich der Kreis unserer gemeinsamen Reise zur Selbstüberwindung. Sie haben nun alle Werkzeuge an der Hand, um Ihre persönliche Transformation erfolgreich zu gestalten und langfristig zu leben.

Denken Sie daran: Der Weg der Selbstüberwindung ist eine lebenslange Reise. Es geht nicht darum, ein perfektes Ziel zu erreichen, sondern jeden Tag ein Stück zu wachsen und sich weiterzuentwickeln. Bleiben Sie neugierig, bleiben Sie mutig, bleiben Sie authentisch.

Liebe Leserin, lieber Leser,

wir haben in diesem Buch eine intensive Reise unternommen – eine Reise zu mehr Selbstbestimmung, innerer Stärke und nachhaltiger persönlicher Entwicklung. Lassen Sie uns die wichtigsten Erkenntnisse und Werkzeuge noch einmal Revue passieren.

Wir haben verstanden, dass Selbstüberwindung keine einmalige Kraftanstrengung ist, sondern eine Kunst, die wir systematisch entwickeln können. Der Schlüssel liegt in der Verbindung von

Verständnis, Strategie und konsequenter Praxis.

In den ersten Kapiteln haben wir die fundamentalen Mechanismen der Selbstüberwindung kennengelernt. Wir haben verstanden, wie unsere Blockaden entstehen, wie wir sie erkennen und wie wir sie Schritt für Schritt auflösen können. Die Erkenntnis, dass Widerstände nicht unsere Feinde sind, sondern wertvolle Wegweiser zu persönlichem Wachstum, war dabei besonders wichtig.

Die Rolle der Motivation haben wir als zentrale Antriebskraft identifiziert. Wir haben gelernt, dass nachhaltige Motivation aus der Verbindung von klaren Zielen, emotionaler Beteiligung und konkreten Handlungsstrategien entsteht. Besonders wichtig war die Erkenntnis, dass intrinsische Motivation – also die Motivation, die aus uns selbst kommt – langfristig tragfähiger ist als externe Anreize.

Die Entwicklung mentaler Stärke erwies sich als fundamentaler Baustein erfolgreicher Selbstüberwindung. Wir haben verschiedene Techniken kennengelernt, um unsere mentale Widerstandskraft systematisch aufzubauen – von Visualisierungsübungen über Gedankenkontrolle bis hin zu emotionaler Regulation.

Die Transformation von Gewohnheiten war ein weiterer Schlüsselaspekt. Wir haben verstanden, dass unsere Gewohnheiten nicht nur unser Verhalten prägen, sondern auch unsere Identität formen. Mit dem Wissen um den Gewohnheitskreislauf und praktischen Strategien zur Gewohnheitsänderung haben wir die Werkzeuge erhalten, um nachhaltige Veränderungen in unserem Leben zu implementieren.

Besondere Aufmerksamkeit haben wir der Kraft der Entscheidungen gewidmet. Wir haben gelernt, dass jede bewusste Entscheidung ein Moment der Selbstbestimmung ist und dass die Qualität unserer Entscheidungen maßgeblich von unserer Fähigkeit zur emotionalen Intelligenz und rationalen Analyse abhängt.

Die Entwicklung emotionaler Intelligenz erwies sich als unverzichtbare Kompetenz auf dem Weg zur Selbstüberwindung. Wir haben gelernt, unsere Gefühle besser wahrzunehmen, zu verstehen und zu regulieren. Die Fähigkeit, auch in emotional herausfordernden Situationen handlungsfähig zu bleiben, ist ein Merkmal echter emotionaler Reife.

Zeit- und Energiemanagement haben wir als praktische Werkzeuge kennengelernt, um unsere Ressourcen optimal einzusetzen. Die Erkenntnis, dass nicht die Zeit an sich, sondern unsere Energie der kritische Faktor ist, hat zu einem neuen Verständnis von Produktivität und Effizienz geführt.

Die Macht des Unterbewusstseins hat uns gezeigt, wie wir tiefgreifende Veränderungen durch gezielte mentale Programmierung erreichen können. Visualisierung, Affirmationen und emotionale Verankerung sind dabei wichtige Werkzeuge für nachhaltige Transformation.

Die Verbindung von Körper und Geist erwies sich als fundamentales Prinzip erfolgreicher Selbstüberwindung. Wir haben verstanden, dass körperliche Fitness, gesunde Ernährung und ausreichend Schlaf nicht nur unsere physische, sondern auch unsere mentale Leistungsfähigkeit maßgeblich beeinflussen.

Die Bedeutung sozialer Unterstützung wurde als wesentlicher Erfolgsfaktor herausgearbeitet. Wir haben gelernt, wie wichtig es ist, uns mit Menschen zu umgeben, die uns inspirieren und unterstützen, während wir toxische Beziehungen erkennen und transformieren.

Stressmanagement und Resilienz haben wir als zentrale Kompetenzen für langfristigen Erfolg identifiziert. Mit praktischen Strategien zur Stressbewältigung und dem Aufbau psychischer Widerstandskraft haben wir gelernt, auch in herausfordernden Zeiten handlungsfähig zu bleiben.

Die Implementation von Erfolgsstrategien und die langfristige Transformation haben den Abschluss unserer Reise gebildet. Wir haben verstanden, dass nachhaltige Veränderung Zeit braucht und dass der Weg selbst das Ziel ist.

Der wichtigste Aspekt unserer gemeinsamen Reise war vielleicht die Erkenntnis, dass Selbstüberwindung keine Kampf gegen uns selbst ist, sondern ein Akt der Selbstliebe und des Wachstums. Es geht nicht darum, perfekt zu werden, sondern darum, jeden Tag ein bisschen über uns hinauszuwachsen und dabei authentisch und mitfühlend mit uns selbst zu bleiben.

Mögen die Erkenntnisse und Werkzeuge aus diesem Buch Sie auf Ihrem weiteren Weg begleiten und unterstützen. Bleiben Sie mutig, bleiben Sie neugierig, und vor allem: Bleiben Sie sich selbst treu.

Mit den besten Wünschen für Ihre weitere Entwicklung,
Frank Kralemann